Erfolgsfaktor Fitness

So werden Sie Fit mit dem Trampolin-Workout

Erfolgsfaktor Fitness

So werden Sie fit mit dem Trampolinworkout

Von Tim Friedrich

Impressum
Herstellung und Verlag:
BoD-Books on Demand, Norderstedt
ISBN: 978-3-7322-4588-8

Erfolgsfaktor Fitness

Leider haben in der heutigen Zeit immer weniger Menschen noch die

Zeit sich auch noch mit Fitness zu beschäftigen, deshalb habe ich

dieses Trampolin Trainings Buch und das Training so konzipiert, das

es nicht viel Zeit in Anspruch nimmt, aber ihre Fitness trotzdem mit

einem geringem Aufwand enorm steigern kann.

Fitte Menschen sind einfach gelassener, erfolgreicher und haben mehr Harmonie in ihrem Leben. Das ist keine bloße Behauptung, dem ist so. Das hat folgende Gründe

Fitness bietet uns so viel.

In erster Linie bietet uns Fitness Spaß, sie schützt uns vor

Erkrankungen da wir viel mehr Abwehrstoffe haben.

Unser Selbstvertrauen wird dadurch gestärkt, wir fühlen uns wohler

und viel mehr in Harmonie, als wenn wir nicht fit sind. Zusätzlich

hilft es uns auch besser mit Stress umzugehen, da wir auf der einen

Seite belastbarer sind, und auf der anderen Seite beim Sport viel

Stress abbauen.

Es vermindert das Risiko einer Herz Erkrankung und es kann sogar unsere Denkfähigkeit erhöhen.

Also, warum wollen Sie nicht gut gelaunt durchs Leben gehen, Ihren Stress besser bewältigen, mit weniger Gesundheits- Risiken leben, und ihre Denkfähigkeiten sogar noch erhöhen? Erfüllen Sie sich einen ihrer Träume und werden Sie fit.

Die Zeitschrift „Bio" schreibt über mein Training: „Fit in jedem Alter". Ein Übungsprogramm von Tim Friedrich

Die Zeitschrift „Noch Erfolgreicher" schreibt über mein Training Tim Friedrich: „Erfolgsfaktor Fitness, Fitte Menschen sind einfach gelassener, erfolgreicher und haben mehr Harmonie in ihrem Leben"

Der Bruno Erni Internetbrief schreibt:" Erfolgsfaktor Fitness" in kurzer Zeit Fit durch das Trampolinworkout.

Absegnung

Dieses Training **scheint** nach Rücksprache mit einigen Ärzten und Physiotherapeuten **völlig unbedenklich zu sein**, solange Sie sich an die, in diesem Buch beschriebenen, Anweisungen halten.

Widmung!

Dieses Buch widme ich:

Meinem EGO ☺

Meinen Eltern Udo und Pia

Meiner Schwester Tamara

Und all den Menschen, die sich für Sport interessieren und Fit sein wollen

Viel Erfolg!

Inhaltsverzeichnis

Vorwort

Vorwort

Das im folgenden Buch beschriebene Training basiert auf meinen jahrelangen Erfahrungen in den verschiedensten Sportarten. Neben Fußball, Tischtennis, Karate, Bodybuilding und vielen weiteren kam ich eines Tages auf das Trampolin. Ich entwickelte für mich ein Training das mich mit einem sehr geringen Aufwand fitter werden lies und mit dem ich meine Leistungen in anderen Sportarten auch erheblich verbessern konnte. In erster Linie **können Sie mit diesem Training** Ihre **Fitness steigern, abnehmen, sich in anderen Sportarten verbessern,** und was das **Wichtigste** ist, **es macht Spaß.**

Meine Freunde und Bekannte bestätigen mir immer wieder, dass es funktioniert. Alle paar Wochen bekomme ich zu hören, dass ich meine Figur noch mehr verbessert habe. Ja, und viele meiner Freunde denen ich dieses Training gezeigt habe erfreuen sich daran und sind sehr begeistert.

Der Bio Ritter Verlag war von dieser Trainingsmethode so begeistert, dass Sie sogar in der Zeitschrift Bio einen Bericht über mein Training in einer Ausgabe 2006 veröffentlichten.
Auch der bekannte Hörbuch Verleger Alex. Rusch war von dieser Trainingsmethode so motiviert und begeistert das er einen Bericht in

seiner Manager Zeitschrift „Noch Erfolgreicher" 2009 veröffentlichte

Der bekannte Persönlichkeitstrainer Bruno Erni veröffentlichte in seinem Internetbrief ebenfalls einen Bericht über meine Trainingsmethoden

Ausreden

Ich höre immer wieder die Ausreden: **Ja ich bin halt dick, da kann ich nichts machen, das ist Veranlagung.** Dies ist ein weit verbreiteter Irrglaube. Ich kenne zahlreiche Menschen, die ihr Gewicht um 50 % reduziert, oder ihre Muskelmasse um 50 % erhöht haben. Also denken sie bloß nicht, dass Sie es nicht schaffen können. Sie können es schaffen so wie es viele vor ihnen auch geschafft haben.

Eine weitere beliebte Ausrede ist:" **Ich bin doch schon viel zu alt um noch zu trainieren und in meinem Alter, bekommt man das Übergewicht sowieso nur schwer weg"**! Wer sagt das? Es gibt zahlreiche Menschen die um einiges älter sind als Sie. Ich habe vor kurzem sogar einen Mann auf Fotos gesehen der schon 80 Jahre alt ist und immer noch dreimal in der Woche im Fitnessstudio trainiert. Außerdem habe ich einen Bekannten der schon über 70 ist, immer noch jeden Tag auf seinem Heimtrainer Fahrrad fährt, und das mit großem **Erfolg.** Sie sehen also, dass die meisten Argumente nichts als Ausreden und Vorwände sind. Vielleicht denken sie daran, wenn sie das nächste Mal vor dem Spiegel stehen, und nicht zufrieden sind mit dem was sie sehen.

Oder aber Sie stehen mal wieder im Schwimmbad und Ärgern sich dort, oder anderswo. Wenn sie dann meinen sie könnten sich mal wieder mit Ausreden aus der Affäre ziehen, dann versuchen sie das ruhig, jedoch gibt es zahlreiche Menschen, wie mich, die genau wissen, dass es nichts als Ausreden sind.

Vielleicht sagen Sie sich ja auch:" **Aber ich habe doch keine Zeit für das Training**". Dann nehmen sie sich die Zeit, viele Menschen denken nur, dass sie keine Zeit hätten, da sie Abend für Abend mal wieder nur vor dem Fernseher sitzen und schon gar nicht mehr wissen wie viel Zeit sie überhaupt dort verbringen.

Jeder Mensch hat 24 Stunden am Tag Zeit. Ob sie jung, oder alt, reich oder arm sind, das spielt keine Rolle. Dieses Training braucht **nicht** mal viel Zeit! Wenn Sie aber denken Sie hätten keine Zeit übrig für ein Training, oder aber keine Lust, dann können Sie das Buch jetzt wieder zu machen.

Dann kehren Sie vielleicht besser wieder zum Fernseher zurück und ärgern sich noch ein bisschen darüber, dass Sie nicht fit sind, oder darüber das Ihnen ihre Figur so nicht gefällt.

Natürlich könnten Sie jetzt auch sagen: „ ja ich würde gerne trainieren, aber ich habe ja niemand der mit mir trainiert". Na und? Brauchen Sie die anderen, um etwas auf die Beine zu stellen? Wenn Sie zu Hause aufs WC gehen, brauchen Sie jemanden dazu? Oder wenn Sie kochen? Oder etwas anderes erledigen? Also, warum sollten Sie dann unbedingt jemand zum trainieren brauchen? Klar können Sie jemanden fragen, und wenn der mit Ihnen trainiert in

Ordnung, aber was ist, wenn der nicht mit macht? Wollen sie dann wirklich auf eine schöne Figur verzichten? Nur weil Ihr bester Freund oder wer auch immer keine Lust hat? Das kann ja wohl nicht wahr sein! Oder? Wenn Ihr Freund, Kumpel oder wer auch immer auf eine schöne Figur oder Fitness verzichtet, dann müssen Sie das noch lange nicht! Ich habe auch jahrelang alleine trainiert und ich kann Ihnen versichern, dass es geht. Sie müssen es nur wollen. Oder brauchen Sie nur wieder eine Ausrede, denn dann können Sie immer behaupten: „ Ja die anderen haben Schuld, es wollte ja keiner mit machen!" Das ist falsch, der einzige der daran dann Schuld hat, das sind Sie, und sonst Niemand.

Also betrügen sie sich nicht selbst, dafür gibt es ja auch keinen Grund. Sie haben jetzt ein Training vor sich, mit dem jeder, unabhängig von seiner Veranlagung und seinem Alter fit werden, und Spaß haben kann.

Sollten Sie jetzt vielleicht doch zu dem Entschluss gekommen sein, dass Sie nicht fit sein wollen oder dass Sie keine Zeit haben, bevor sie dann dieses Buch nehmen und evtl. wie viele Bücher vorher in die Ecke schmeißen, wo es vergammelt und verstaubt, dann schenken sie es lieber einem netten Freund oder Bekannten von dem sie annehmen er könnte es gebrauchen oder von dem sie wissen das er sich mit Fitness beschäftigt. Aber wenn Sie das tun, dann bedenken Sie:

Die Weltgesundheitsorganisation WHO **warnt**!

Jedes Jahr sterben alleine in Amerika über 300.000 Menschen an Fettsucht, und dieser kann man mit gezieltem Training entgegen wirken. Aber auch hier in Deutschland ist es nicht besser, denn Krankenkassen müssen im Jahr über 15 Millionen € für fettleibige ausgeben. Da ist es doch kein Wunder, dass die Beiträge in die Höhe steigen. Also tun Sie was dagegen, denn wenn Sie nichts tun, dann könnten Sie eines Tages auch zu den Sterbenden zählen oder aber zu denen die eine Menge Geld kosten. Klar, das ist Ihr gutes Recht, dafür bezahlen Sie ja auch Beiträge. Aber Sie wissen genauso gut wie ich, dass die Leistungen der Krankenkassen immer weniger, und die Eigenanteile immer höher werden. Außerdem gehen Bewegung, Ernährung und Denken Hand in Hand, zwar macht die Bewegung nur einen kleinen Teil aus, vielleicht 10 Prozent, jedoch ist es wie bei einer Kette. Gibt es nur ein schwaches Glied, kann es sein, das die Kette reißt, und so kann auch ihr ganzes System abstürzen, wenn etwas fehlt.

Bevor es jetzt los geht beachten sie bitte, dass dieses Buch ein Ratgeber ist, das heißt, dass Sie es nicht nur einmal lesen, sondern mit diesem Buch arbeiten sollen. Das bedeutet wiederum, dass Sie sich wichtige Textstellen markieren und das Buch mehrmals lesen, damit Ihnen keine wichtigen Informationen verloren gehen.

Psychologen haben herausgefunden, dass wenn man ein Buch nur einmal liest, man einen Teil der Informationen gar nicht wahrnimmt. Sie ziehen also einen größeren Nutzen daraus, wenn Sie es öfter lesen.

Für Anregungen und Ihre Erfahrungen mit diesem Training bin ich jederzeit offen, deswegen habe ich auch meine Adresse und meine E-Mail auf der letzten Seite angegeben. Also falls Sie Anregungen haben, oder mir Ihre Erfahrungen mitteilen möchten, so schreiben Sie mir ruhig einen Brief oder eine E-Mail.

Viel Spaß!

Die Ernährung

Die Ernährung

Die wichtigste Regel

Die Ernährung ist eine wichtige Komponente beim Training, deswegen fangen wir auch mit ihr an.

Wer kennt das nicht, unsere Eltern haben uns als Kinder regelrecht dazu gezwungen zu essen, mit Sprüchen wie: „Wenn du den Teller nicht leer machst, dann scheint die Sonne morgen nicht", oder „Du bist ein böses Kind wenn du den Teller nicht leer machst". Wahrscheinlich kennen Sie selbst noch ein Dutzend solcher Sprüche, weil Sie sich diese selbst immer wieder anhören mussten, oder mittlerweile selbst bei Ihren Kindern anwenden.

Psychologen haben heraus gefunden, dass unsere Eltern uns damals mit diesen Sprüchen psychologisch manipuliert haben, natürlich wussten unsere Eltern nicht, dass sie damit bei manchen Menschen eine wahre Esssucht auslösen würden, ich will ihnen keinen Vorwurf machen, aber viele Menschen sind immer noch in diesem Trott und beachten die wichtigste Regel nicht.

Sie lautet: **Esse nie über deinen Hunger hinaus!** Wer diese Regel beachtet wird alleine dadurch wahrscheinlich schon große Erfolge verzeichnen.

Prägen Sie sich diese Regel bitte besonders gut ein, und versuchen Sie sich auch bei jedem Essen daran zu halten. Sobald sie merken, dass sie **keinen Hunger** mehr haben, hören Sie auf zu essen, egal wie viel noch auf dem Teller ist, lassen Sie ihn einfach zurückgehen. Es gibt viele Menschen die verrenken sich lieber den Magen, als in einem Restaurant auch nur ein kleines Stückchen Fleisch zurückgehen zu lassen. Warum tun Sie sich so etwas an? Das bringt Ihnen gar nichts, wahrscheinlich ist Ihnen dann erstmal schlecht, und dann können Sie den Rest des Tages vergessen.

Ich höre manche jetzt schon wieder sagen: „ aber wenn es doch so gut schmeckt, dann kann ich nicht einfach aufhören." **Natürlich können Sie das.** Es ist nichts weiter als eine alte Gewohnheit. Sie müssen Sie nur ablegen. Wenn Sie sich daran halten, wird es sogar von Mal zu Mal immer leichter. Viele Menschen erzielen alleine dadurch schon einen großen Erfolg. Halten Sie sich ab sofort an diese Regel, fangen Sie jetzt sofort damit an, egal was es zu Essen gibt, es gibt keinen besseren Zeitpunkt damit anzufangen als jetzt.

Tun Sie sich den Gefallen! Schieben Sie es nicht auf, denn die meisten Menschen schieben etwas auf und merken gar nicht, das sie es immer weiter schieben und wundern sich später warum sie dieses oder jenes noch nicht gemacht haben. Kennen sie das nicht auch? Sie haben sich vor genommen ab morgen wieder zu laufen, oder etwas anderes. Plötzlich ist schon der nächste Tag, und Sie sagen sich: „Ach nein, heute hab ich ja doch keine Lust", und Sie schieben es auf übermorgen. Das Spielchen wiederholt sich oft so lange bis Sie dann eines Tages sagen:" Stimmt vor einem halben Jahr wollte ich mal wieder laufen gehen, warum hab ich damals nicht wieder angefangen?"

Das ist nicht unser Ziel. Unser Ziel ist es, dass Sie fitter werden, abnehmen oder besser im Sport werden, oder...! Aber nicht irgendetwas aufzuschieben. Damit Sie nicht in ein paar Wochen sagen: „ Ja das war ein echt tolles Buch, aber gebracht hat es mir dann letzten Endes doch nichts." Klar kann ich Ihnen nicht versprechen, dass Sie in kurzer Zeit so fit sind wie ein Profi Sportler, das wäre eine Lüge und damit würde ich auch meine Kompetenz in Frage stellen. Vielleicht sind Sie ja schon ein sportlicher Typ, dann kann es sein, das sich Ihre Erfolge schneller einstellen.

Es kann aber auch durchaus sein, dass es bei Ihnen etwas länger dauert, denn einen Teil macht die Veranlagung schon aus. Da ich Ihren Körper und Ihre Figur aber nicht kenne, kann ich Ihnen nicht genau sagen wie lange es dauern wird. Aber, dass Sie bei konsequenter Anwendung dieses Trainings um ein Vielfaches fitter werden, das kann ich Ihnen sogar versprechen. Jedoch auch nur dann wenn Sie sich an meine Anweisungen halten.

Wann sollte man essen?

Viele vertreten die Meinung dass man idealerweise nichts mehr nach 17 Uhr essen soll, da der Körper dieses Essen nicht mehr in Energie umwandelt, sondern als Fett in der Leber zwischenspeichert. Jedoch gibt es darüber geteilte Meinungen, vielleicht liegt das auch an verschiedenen Veranlagungen. Fast jeder kennt das Beispiel von Top Manager oder Politiker, die in vielen Fällen viel zu dick sind, meiner Meinung nach ist das aber ganz klar, da diese sich meistens abends noch ein großes Geschäftsessen gönnen, und das wird ja wie sie jetzt wissen als Fett in der Leber gespeichert. Die Konsequenz ist meistens eine Fettleber. Wie Sie hören, kann das wohl nicht gerade gesund sein. Da viele Manager sowieso viel zu wenig Bewegung haben ist es klar das so was passieren kann.

Aber es kommt im Endeffekt nur auf die am Tag verzehrten und verbrauchten Kalorien an. Man kann ruhig abends noch was Essen. Auch was Warmes. Man sollte bedenken, dass je fettiger die zu Abend gegessene Mahlzeit war, desto schlechter kann der darauf folgende Schlaf werden.

Was sollten sie essen?

Sie sollten ihrem Körper genug Aminosäuren, Vitamine und Mineralstoffe gönnen, da er diese braucht, um bessere Leistungen zu erbringen oder aber mehr Muskeln aufzubauen. Die folgenden Tabellen nach Dr. Spitzbart sollen Ihnen nur eine kleine

Hilfestellung sein, in welchen Produkten sie die körperwichtigen Stoffe finden können:

Aminosäuren

Name:	Sie finden es in:
Glutamin	Camembert und Cashewnüsse
Glutaminsäue	Vollkornbrot
Arginin	Haferflocken, Linsen und Erdnüssen
Lysin	Erbsen, Linsen, Sojabohnen und Quark
Taurin	Quark, Gouda und Paranüsse
Valin	Sonnenblumenkerne Sojabohnen und Linsen
Isoleucin	Parmesan Kartoffeln Vollkornbrot
Leucin	Linsen und Erdnüsse

Vitamine

Name:	Sie finden es in:
Vitamin B2	Mandeln und Camembert
Vitamin B1	Sojabohnen und Roggenkeime
Vitamin C	Erdbeeren, Paprika und Johannisbeeren
Vitamin A	Grünkohl und Karotten
Vitamin H	Karotten und Tomaten
Vitamin E	Walnüsse und Sonnenblumenöl
Vitamin D	Champignons und Emmentaler
Vitamin B12	Ziegenkäse und Buttermilch
Vitamin B6	Bananen und Naturreis

Mineralstoffe

Name:	Sie finden es in:
Kupfer	Kakao und Bohnen
Kalzium	Buttermilch und Grünkohl
Kalium	Kartoffeln und Spinat
Jod	Algenprodukte und Jodsalz
Eisen	Spinat und Pfifferlinge
Chrom	Vollkornbrot
Selen	Weizen und Petersilie
Phosphor	Kakao, Linsen und Bohnen
Natrium	Cornflakes
Molybdän	Sojabohnen und Weizenkeime
Mangan	Haselnüsse, Tee und Haferflocken
Magnesium	Spinat, Bananen und Sesam

Linsen

Vielleicht haben Sie bemerkt, dass in Linsen eine ganze Menge von den Stoffen enthalten ist, die ich Ihnen auf den vorherigen Seiten genannt habe! Deswegen sollten Sie nicht darauf verzichten. Ich empfehle Ihnen einmal pro Woche Linsen zu essen. Auch wenn sie Linsen nicht besonders gerne mögen, kaum ein anderes Produkt beherbergt so viele gesunde und gute Nährstoffe.

Chrom, Jod und Magnesium

Chrom ist eines der wichtigsten Mineralien. Bei Mangelerscheinungen ist es oft dafür verantwortlich, dass sie müde sind, oder dass sie sich nicht konzentrieren können. Das ist aber noch nicht alles. Nein, Chrom ist auch am Fett- und Zuckerstoffwechsel beteiligt, das heißt wenn sie genug Chrom im Blut haben, verbrennen Sie um ein vielfaches mehr an Fett.

Jod sollten Sie auch stets genug zu sich nehmen, denn ausreichend Jod ist wichtig für die Schilddrüse. Um Schilddrüsenerkrankungen vorzubeugen sollte ein bisschen Jodsalz schon ausreichend sein.

Magnesium, wer kennt es nicht? Diese lästigen Wadenkrämpfe, oder Muskelkater. Magnesium verschafft Hilfe. Es schützt sie vor Muskelkrämpfen, und hält sogar die Muskeln weich und geschmeidig, viele große Sportler haben das Phänomen Magnesium bereits erkannt, sie versorgen ihren Körper immer mit ausreichenden Mengen und bringen dadurch auch große Leistungen.

3 Liter Trinken?

Zwar raten einige Ärzte dazu, dass man sogar einen Liter pro 20 Kg Körpergewicht trinken soll, aber ich denke 3 Liter am Tag sollten schon ausreichen. Das wissen mittlerweile die meisten Menschen, damit ist jedoch kein Kaffee gemeint. Kaffee ist ein großer Mineralräuber, der ihrem Körper viele wichtige Mineralien entzieht, das ist natürlich nicht gut, da Sie ja trainieren, und fit sein wollen. Klar können Sie Kaffee trinken, das tue ich selbst, aber Sie sollten darauf achten das sie es nicht übertreiben. Ich habe viele in meinem Bekanntenkreis die sich am Tag 10 – 15 Tassen Kaffee gönnen, diese wundern sich dann dass sie krank werden, oder eines Tages total übermüdet sind.

Viele von ihnen suchen dann irgendwelche Ausreden. Genau wie das viele tun die zu viel Alkohol getrunken haben, und danach behaupten" Mir ist schlecht, das ist das Wetter. Ich vertrage die Hitze nicht. Vermeiden Sie zu viel Kaffee, und suchen sie keine Ausreden! Schrauben sie es etwas zurück! Trinken Sie lieber mehr Wasser, Ihre Körperzellen arbeiten viel besser mit ausreichender Flüssigkeit. Mit 10 % weniger Flüssigkeit, verfügen sie schon über 30 % weniger Energie.

Es gibt noch immer genügend Leute die glauben, wenn sie drei Liter Cola oder Limo am Tag trinken, wäre das auch gut. Das ist leider nicht der Fall. Diese Getränke entziehen dem Körper zwar keine

Mineralien, aber dafür enthalten sie viel zu viel Zucker. Alleine in einer Flasche Cola befindet sich soviel Zucker, wie es 52 Zuckerwürfeln entspricht. Und jetzt überlegen Sie sich mal wie viel Zucker Sie dann zu sich nehmen, wenn sie drei Flaschen davon am Tag trinken. Ja genau 156 Würfel.

Zucker der nicht gebraucht wird, wird in Fett umgewandelt, das heißt Zucker macht dick. Zum anderen macht Zucker müde, das zeigt das zuviel Zucker nicht gut ist. Ich empfehle immer, sich nur noch Mineralwasser oder 100-prozentige Säfte für zu Hause zu kaufen, die sie mit Mineralwasser mischen. Und nur wenn sie ausgehen Cola oder Limo zu trinken, damit sie zu Hause gar nicht erst in Versuchung kommen, sich mit so etwas voll zu pumpen. Oder aber sie haben gefallen an light Produkten ohne Zucker. Mittlerweile gibt es davon ja auch einige Produkte auf dem Markt auch. Coke Zero usw. Wobei man auch da nie sicher sein kann wie sich die Zuckerersatzstoffe auswirken.

Alkohol und Chips

Gehören Sie auch zu den Menschen die abends von der Arbeit kommen und sich erst mal zwei oder drei Bier gönnen? Wenn ja, dann sollten sie das lieber abstellen, erstens ist es schlecht für Sie, denn sie wollen Fit werden, und wie jeder weiß ist Alkohol nicht gerade förderlich dafür. Zweitens tun sie alles dafür Alkoholiker zu werden, laut Statistik sind Sie das bei täglichem trinken sowieso schon. Es spricht nichts dagegen wenn sie nach einem echt hartem

Arbeitstag mal ein Bier trinken, aber seien sie mal ehrlich, jeden Tag muss es doch nicht sein, oder? Am Wochenende ist es ja okay, aber nicht jeden Tag in der Woche. Ich höre jetzt schon wieder viele sagen, was geht den das an ob ich was trinke? Da haben Sie Recht, es geht mich eben nichts an, denn es ist Ihre Gesundheit Ihre Fitness und Ihr Leben. Damit können Sie natürlich machen was Sie wollen. Ich kann Ihnen nur sagen, wie Sie den größten Nutzen aus diesem Training ziehen können. Was Sie aus der Information machen, das ist alleine Ihnen überlassen.

Einige von Ihnen werden die folgende Geschichte auch kennen, Sie sitzen abends auf dem Sofa und auf einmal überkommt Sie ein großer Hunger. Sie rennen sofort zum Schrank, in dem eine große Tüte Chips, eine Tafel Schokolade oder etwas anderes auf Sie wartet. Sie schlingen diese dann genüsslich in sich hinein, und damit überfluten Sie sich mit viel zu vielen zusätzlichen Kalorien. Die Leber speichert diese als Fett ab und Sie können diese über Nacht nicht mehr verarbeiten, dieses ist somit nicht förderlich für Ihre Figur.

Ich empfehle Ihnen folgendes: Es gibt bestimmt eine Gemüse- oder Obstsorte die sie besonders gerne essen, diese sollten Sie sich besorgen. Am besten heute noch, damit Sie nicht abends wieder zu Chips und anderen Leckereien greifen. Wann immer Sie abends dieses Hungergefühl wieder überkommt, essen Sie ihr Lieblingsobst oder Gemüse. Es hat zwei Vorteile, erstens werden Sie nicht dick davon, und zweitens macht es auch noch satt. Somit müssen Sie sich nicht überflüssigen Kalorien am Abend widmen. Aber verstehen Sie mich nicht falsch, natürlich ist gegen Chips nichts einzuwenden, zumindest solange man es nicht übertreibt.

Zucker

Machen sie Halt vor schnellem Zucker, essen sie statt Traubenzucker oder Bonbons lieber mal einen Apfel oder anderes Obst. Denn schneller Zucker flutet zwar ihr Blut ganz schnell, ist aber dafür auch sehr schnell wieder verbraucht. Dabei wird Insulin in hohen Mengen ausgeschüttet, das führt zu einem hohen Blutzuckeranstieg, was den Blutzucker nachher unter den Ausgangspunkt absenkt. Die Konsequenzen können sein, dass Sie sich total übermüdet und schlapp fühlen.

Das Frühstück

Sie können Tomaten oder Banane auf Ihrem Brot essen, dann haben Sie ein paar von den vorher genannten, wichtigen Mineralstoffen schon zu sich genommen und können den Tag direkt mit Energie und gesund beginnen. Wenn es geht, sollten Sie auch keine Butter aufs Brot machen, denn Butter ist Fett. Ich empfehle zum Frühstück Müsli zu essen, es ist sehr gesund und Sie werden sich nach einer Woche schon viel fitter fühlen. Aber manche Leute mögen eben kein Müsli, für diese könnten die anderen Tipps interessant sein.

Aufbaupräparate

Grundsätzlich kann man gegen ein paar Nahrungsergänzungsmittel nichts sagen, aber Vorsicht, ich kenne viele **Ex Sportler** die entweder zu viel von den Mitteln genommen haben, oder aber sich mit nicht legalen Aufbaupräparaten voll gepumpt haben. Das ist auch der Grund weshalb sie heute Ex Sportler sind. Manche von diesen bekamen Herzschäden, bei anderen versagten die Knochen, und vieles mehr. Ich empfehle Ihnen bei solchen Mitteln allgemein aufzupassen und es nicht zu übertreiben. Ferner dürfte den meisten von Ihnen bekannt sein, dass nicht immer das verkauft wird, was vom Hersteller versprochen wird. Dies zeigten uns zahlreiche Skandale und Recherchen im Fernsehen. Es bringt Ihnen nichts wenn sie nach 4 Wochen eine super tolle Figur haben, oder super Spitze im

Sport sind aber nach einem Jahr wegen eines Herzproblems wieder aufhören müssen.

Das Training

Das Training

Trampolin

Wenn Sie bis jetzt noch kein Trampolin haben dann sollten Sie sich heute noch eins besorgen, um mit dem Training beginnen zu können, Sie wissen ja die Sache mit dem Aufschieben. Wenn Sie sich ein Trampolin kaufen, dann beachten Sie bitte, dass es hier verschiedene Gewichtsklassen gibt. Kaufen Sie sich ein Trampolin das für Ihr Gewicht geeignet ist, sagen Sie dem Verkäufer sie brauchen ein Trampolin das z.B. ein Gewicht von 100 kg aushält, die 100 sind nur ein Beispiel da ich ihr Gewicht nicht kenne. Die Verkäufer kennen sich in aller Regel aus und können Ihnen dabei helfen ein geeignetes Trampolin zu finden. Achten Sie darauf, sonst könnte ihr Trampolin schnell den Geist aufgeben.

Das Trampolin ist eines der besten Trainingsgeräte die es gibt, da es nur mit Ihrem Körpergewicht arbeitet und somit Ihre Gelenke schont. Deshalb können Sie auch im Alter noch mit diesem Training anfangen. Des Weiteren ist jede Bewegung auf dem Trampolin circa 60 % anstrengender, im Vergleich auf normalem Untergrund

Es verbessert Ihren Gleichgewichtssinn, Ihre Ausdauer und sogar Ihre Kraft und das alles auf einmal, welches andere Trainingsgerät kann das schon?

Wichtig: Wussten Sie, dass Sie mit Training, dass Risiko eines Bandscheibenvorfalls mindern?! Denn es ist noch genau wie damals vor Tausenden von Jahren, die Bandscheibe erwartet von uns Bewegung. Ihre Aufgabe ist es die Wirbelsäule beweglich und die Wirbelkörper auseinander zu halten, dies funktioniert allerdings nur mit einer Druck-, Saug- Pumpe und diese wird nur durch unsere Bewegung ausgelöst. Aber was machen die meisten, sie strafen ihre Bandscheibe indem sie ihr Null Bewegung gönnen. Die Bandscheibe hat keinerlei Chance ihre Aufgabe richtig zu erfüllen und damit erhöhen Sie das Risiko eines Vorfalls. Denken Sie daran wenn Sie mal wieder keine Lust oder angeblich keine Zeit haben.

Das leichte Training

Sie sollten sich in der ersten Woche erst mal mit dem Trampolin genau vertraut machen, indem Sie sich mal kurz darauf stellen und dann langsam anfangen leicht darauf zu springen. Nur ganz leicht, damit Sie auch ein bisschen das Gefühl für das Trampolin entwickeln All jenen, die kein hartes Krafttraining, also keinen strengen Übungsplan absolvieren
möchten, sei folgendes empfohlen.
Beginnen Sie mit fünf Minuten täglich. Stellen Sie sich zunächst gerade auf das Trampolin, die Beine in Schulterbreite. Nun fangen Sie an auf der Stelle Laufbewegungen zu machen, als wenn Sie joggen würden. Die Arme können Sie dabei locker neben dem Körper bewegen. Achten Sie aber darauf, das Beine und arme gegengleich arbeiten. Steigern Sie sich täglich um etwa eine Minute. Das Endziel sollte für diese Art des Trainings etwa 15 Minuten sein. Wobei sie die Übungen auch aufteilen können. Trainieren Sie vor der Arbeit locker ein paar Minuten und Sie werden feststellen, dass Ihr Kreislauf besser funktioniert und Ihre Konzentrationsfähigkeit in einem weitaus höheren Bereich liegt und abends um den Stress vom Arbeitstag abzubauen. Das reicht um die Kondition und Fitness zu verbessern. Für alle die sich mehr zutrauen und noch mehr schaffen wollen, vor allem für die Muskeln oder aber das Trampolin auch für andere Sportarten nutzen wollen, ist folgender Übungsplan empfehlenswert.

Die ersten 2 Wochen

Bei diesem Training fangen Sie damit an, richtig auf dem Trampolin zu joggen, aber nicht zu schnell. Sie sollten so joggen, dass Sie 30 Minuten aushalten können. Wenn Sie das am Anfang nicht schaffen, dann ist das **nicht schlimm**, Sie wissen ja es ist noch kein Meister vom Himmel gefallen. Also seien Sie nicht enttäuscht, wenn es am Anfang nicht klappt. Das Buch heißt ja auch **So werden Sie Fit**, und nicht Sportprofi nach dem ersten Tag. Sie werden sehen beim Zweiten mal wird es schon viel besser klappen. Nehmen Sie sich einfach vor am nächsten Trainingstag 5 oder 10 Minuten mehr zu schaffen, so habe ich es auch gemacht. Holen Sie sich ruhig etwas zu Trinken in der Anfangszeit dabei (aber keine Limo oder Cola), denn am Anfang kann das Training ziemlich hart sein. Machen Sie immer einen Tag Training und einen Tag Pause, immer abwechselnd. Sollten Sie es in den zwei Wochen nicht schaffen die 30 Minuten durchzuhalten so, macht das gar nichts, das soll nur ein kleiner Richtwert sein. **Jeder Körper reagiert anders!** Verlängern Sie die Zeit einfach um 5 Minuten pro Tag. Sie können aber auch die Wochenzahl verlängern. Hauptsache Sie schaffen es und erreichen ihr Ziel.

Es gibt viele die würden nach einer Woche aufgeben, wenn sie es nicht schaffen die Zeit durchzuhalten. Aber **Sie nicht**, Sie werden bis zum Ende durchhalten.

Noch etwas, Sie werden dieses Buch wahrscheinlich erst einmal überfliegen, was keinesfalls verkehrt ist. Aber machen Sie bitte die anderen Übungen nicht bevor Sie die 30 Minuten nicht durchhalten, da es sonst zu Verletzungen oder Muskelkater führen kann, was ich nicht will, und Sie mit Sicherheit auch nicht. Ein kleiner Tipp noch, wenn Sie die Übungen machen, dann schauen sie entweder fern oder hören Musik. Das ist ja das Gute an diesem Training, Sie können ihre Lieblings Sendung sehen und gleichzeitig trainieren. Schaffen Sie die 30 Minuten schon? Ja? **Super** dann können wir ja zu den nächsten Übungen gehen, machen sie weiter so, dann steht Ihrem Erfolg nichts mehr im Weg.

3.-4. Woche

Da Sie bis jetzt immer 30 Minuten auf dem Trampolin waren, sollten Sie jetzt versuchen 45 Minuten durchzuhalten. Falls Sie es direkt auf Anhieb schaffen, dann herzlichen Glückwunsch, machen Sie dieses Training bitte trotzdem noch die 2 Wochen weiter. Falls Sie es noch nicht schaffen, dann ist das nicht tragisch. Bauen Sie es wieder langsam auf, genau wie in den ersten 2 Wochen. Wie gesagt, dass mit der Wochenzahl ist nur ein kleiner Richtwert, da jeder Körper anders reagiert. Machen Sie sich bitte nichts daraus nur weil es nicht auf Anhieb geklappt hat und geben sie auf keinen Fall auf, auch wenn es 6 Wochen dauert.

Bitte gehen Sie wie beim ersten Training nicht weiter bevor Sie die 45 Minuten schaffen. Sie wissen ja warum! Sollten Sie mittlerweile denken „ Ja eigentlich hab ich ja doch keine Lust mehr", dann ist das kein Problem, es ist noch nicht zu spät das Buch an einen Ihrer Bekannten zu verschenken. Aber denken Sie dran der Grund warum Sie sich dieses Buch gekauft haben war ja Fit zu werden, also ziehen Sie das jetzt auch durch.

Na sind Sie schon so weit? Schaffen Sie ihre Zeit von 45 Minuten jetzt? Super, dann geht's jetzt mit der letzten Phase des Trainings weiter.

5-8 Woche

Kommen wir zur letzten Phase unseres Trainings. Na fühlen Sie sich schon viel fitter? Gut, dann weiter. Die letzten 4 Wochen waren Sie ja auf dem Trampolin joggen. Jetzt ist es an der Zeit noch etwas Neues auszuprobieren, kaufen Sie sich 2 Hanteln oder nehmen sie zwei Wasserflaschen, sie sollten nicht schwerer als 1 oder 2 Kilo sein, zumindest am Anfang nicht. Wenn Sie heute ihr Training starten, dann nehmen Sie in jede Hand eine Hantel und fangen wieder mit dem Joggen an. Dabei bewegen Sie ihre Arme, als würden Sie normal laufen. Das wird ihr Training noch mehr intensivieren und sie werden wahrscheinlich wieder feststellen, dass es doch um einiges anstrengender ist, das ist aber kein Problem, da sie ja vier Wochen Zeit haben dieses Training zu schaffen. Sie sollten immer 45 Minuten auf dem Trampolin verbringen. Schaffen Sie es am Anfang nicht dann können sie beim Laufen die Arme immer mal wieder für kurze Zeit hängen lassen.,
oder legen die Hanteln sobald Sie es nicht mehr schaffen aus der Hand und holen sie dann nach zwei, drei Minuten wieder hinzu. Das liegt bei Ihnen.
Sie bauen sich ihre Zeit wieder langsam auf.

Na klappt es schon mit den Hanteln? Na super, denn ich habe noch eine Übung für Sie, dieses funktioniert folgender maßen. Wenn Sie jetzt wieder auf ihr Trampolin steigen dann bewegen Sie nicht länger die Arme nur so als würden sie laufen, nein, sondern trainieren Sie ihren Oberarmmuskel (Bizeps). Machen Sie eine Bizepsübung, am besten abwechselnd so als würden Sie normal joggen.

Bei dieser Übung wird es auch wieder anstrengender, was aber nicht schlimm ist, Sie wissen ja dass sie nicht aufgeben sollen. Am Ende werden Sie sich selber danken, dass Sie weiter gemacht haben. Sollte dies wieder zu anstrengend sein dann machen Sie zwischendurch mal wieder die normale Laufbewegung ohne den Bizeps zu trainieren. Versuchen Sie trotzdem die 45 Minuten durchhalten, ich denke mit ein bisschen Ehrgeiz und Ausdauer schaffen Sie das auch. Jetzt müssen Sie es nur noch schaffen, dass Bizepstraining die komplette Zeit auszuhalten. Haben Sie es geschafft? Na großartig! Machen Sie dieses Training dreimal in der Woche. Sie haben ein großes Ziel schon erreicht, was sehr lobenswert ist, denn viele Menschen fangen mit dem Trainieren an und ziehen es nicht durch, dank Ihrem Ergeiz gehören Sie nicht dazu.

Herzlichen Glückwunsch! Aber für alle die, die noch weiter vorankommen wollen, habe ich noch ein paar Tipps.

Sie könnten sich mit der Zeit schwerere Hanteln kaufen, aber beachten Sie, dass sie innerhalb von 4 Wochen nicht mehr als ein Kilogramm höher gehen sollten, da das Risiko sonst wieder zu groß wird. Diese Methode können Sie natürlich immer weiter führen, obwohl ich sagen würde das 4- 5 Kg auf jedem Arm ausreichen müssten. Es sei denn Sie sind sich sicher, dass ihre Gelenke das auf jeden Fall mitmachen. Zum Zweiten ist es auch möglich sich Gewichte an die Beine zu machen, was ihr Training natürlich noch verstärkt. Oder aber Sie verändern die Geschwindigkeit die Sie beim Laufen haben, aber das wird sich auf Dauer sowieso einstellen.

Für Fortgeschrittene

Irgendwann werden Sie an einem Punkt ankommen, an dem es für Sie vielleicht nicht mehr weiter geht und Sie nicht wissen, was Sie als nächstes zu tun haben, dafür habe ich für Sie das fortgeschrittene Training entwickelt.

Nehmen Sie sich ihre Hanteln 2-4 Kg und machen Sie sich leichte Gewichte an die Beine. Jetzt laufen Sie wieder auf dem Trampolin, jedoch fangen Sie jetzt an beim Laufen zu Boxen. Wie Sie Boxen ist Ihnen überlassen, aber dabei müssen Sie die ganze Zeit laufen.

Am Anfang wird es wahrscheinlich so sein, dass Sie es extrem in den Schultern merken und die Hanteln irgendwann gar nicht mehr halten können, das ist normal da Sie es ja noch nicht gewöhnt sind. Lassen Sie die Hanteln einfach kurz hängen oder machen mit Bizeps Übungen weiter. Wenn Sie mit diesem Training beginnen, sollten Sie sich einen Wecker stellen, der alle fünf Minuten klingelt, und immer wenn dieser Wecker klingelt, dann steigen Sie vom Trampolin ab. Nun legen Sie sich auf den Boden und machen 10 Liegestütz oder 10 Situps. Sie können auch andere Übungen dort einfügen, Po Übungen, oder etwas für den Rücken.

Danach laufen Sie weiter auf Ihrem Trampolin bis der Wecker wieder klingelt und dann dasselbe von vorne. Dieses entlastet ihre Schultern in dem Moment etwas und Sie sind trotzdem noch im Training, und was das Beste ist, Sie haben Abwechslung. Dieses Training führen Sie so lange durch bis Sie es locker schaffen, dann können Sie die Gewichte verändern. Sie können auch mit der Zeit auf eine Stunde verlängern. Oder aber Sie gehen zum Profitraining über.

Das Profitraining

Sollten Sie die anderen Trainingsmethoden alle durchlaufen haben, dann können Sie jetzt zum Profitraining übergehen. Sie nehmen sich wieder ihre Hanteln zu Hand und ihre Gewichte an die Beine, dabei boxen Sie wieder und laufen auf dem Trampolin, jedoch nicht wie vorher sondern Sie laufen jetzt eine Stunde durch. Ja Sie haben richtig gelesen, eine Stunde und während dieser Stunde boxen und treten Sie. Wie Sie diese Kombination machen, das ist Ihnen überlassen, ob Sie zweimal boxen und dann zweimal treten, oder ob Sie irgendeine andere Strategie haben. Sie müssen keine Profi Karate Tritte machen, wenn Sie es können warum nicht, aber wenn nicht, dann treten Sie halt einfach so. Sie können Ihre Beine auch einfach ab und zu mal anheben.

Auch können Sie einen Box sack dazu holen, einfach nur Schattenboxen, es vor einem Spiegel machen, oder einfach nur in die Luft rein. Ihren Ideen sind keine Grenzen gesetzt, Sie müssen nur die Zeit durchhalten und dabei boxen, treten und weiter laufen.

Vielleicht bemerken Sie aber jetzt, dass Sie mittlerweile doch mehr Zeit haben als Sie dachten, dann verlängern Sie doch einfach die Zeit ein wenig, oder sie laufen an einem Tag normal auf dem Trampolin, wie in den ersten Wochen. Und an dem anderen Tag machen Sie das Profitraining. So haben Sie einen Tag Kondition und einen Tag Kraft- Ausdauer trainiert. Wie Sie das Ganze Training jetzt absolvieren ist jetzt Ihre Sache, genug Anweisungen habe ich ja jetzt gegeben.

Das etwas andere Training

Vielleicht wollen Sie aber auch noch ihre Sinne schärfen. Dafür habe ich mir eine ganz einfache Methode ausgedacht. Wenn Sie das nächste Mal auf dem Trampolin stehen, dann probieren Sie doch einfach mal folgendes aus. Sie fangen einfach wie immer locker zu laufen an, aber diesmal machen Sie die Augen beim Laufen zu. Wenn Sie das tun, werden Sie merken, dass Sie sich total komisch und orientierungslos fühlen. Jetzt versuchen Sie einfach weiter zu laufen ohne umzukippen, Sie werden merken, dass Sie mit diesem Training nicht nur ihr Gefühl für das Trampolin entwickeln, sondern auch Ihren Gleichgewichtssinn verbessern. Machen Sie diese Übung ruhig jeden Tag fünf Minuten oder länger, kürzer, wie Sie wollen und Lust haben. Wer weiß für was dieses Training mal gut ist! Mir hat mein Gleichgewichtssinn schon in vielen Situationen geholfen. Vielleicht Ihnen auch, falls er Ihnen nicht hilft, so hatten Sie trotzdem Spaß. Denn, wenn Sie einmal mitten im Laufen die Augen aufmachen, dann werden Sie etwas Lustiges feststellen, aber ich will Ihnen hier nicht die Überraschung nehmen.

Anwendung auf andere Sportarten

Sie können das Trampolin auch nutzen um sich in anderen Sportarten gezielt zu verbessern.

Angenommen Sie machen Kampfsport, So haben Sie oben beim Profitraining schon die Möglichkeit dieses auf Ihre Kampfsportart anzupassen.

Sie können es aber genauso für viele andere Sportarten umfunktionieren, vielleicht spielen Sie Tennis, so könnten Sie auf dem Trampolin laufen und dabei gezielt einige Schläge machen, evtl. kombinieren Sie es mit einer Ballwurfmaschine um es realistischer zu machen.

Wenn Sie Fußball spielen, so könnten Sie sich einen Ball mit auf das Trampolin nehmen und versuchen diesen mit dem Fußhoch zu halten, und dabei zu laufen, damit trainieren Sie dann nicht nur Ihr Ballgefühl, sondern auch Ihren Gleichgewichtsinn und Ihre Kondition.

Dies sind nur Beispiele, mit ein bisschen Fantasie können Sie es auch Ihrer Sportart anpassen.

Viel Spaß beim Training

Schlussteil

Schlussteil

Erfolgskontrolle:

Bevor Sie mit dem Training beginnen, sollten Sie sich erst mal auf die Waage stellen und genau schauen wie schwer Sie sind. Dann notieren Sie sich ihr Gewicht. Jetzt stellen Sie sich vor den Spiegel und betrachten sich, dabei stellen Sie fest, was Ihnen an ihrer Figur nicht gefällt. Es können ruhig mehrere Stellen sein, z.B. Ihr Po, Bauch oder was auch immer. Sie sollten sich auch ein Maßband dazu nehmen und den Umfang messen. Machen sie sich eine Tabelle. Ich habe ihnen hier mal ein kleines Beispiel hinzugefügt:

Körperteil +Umfang	Woche 1	Woche 2	Woche 3	Woche 4	Woche 5	Usw.
Bauch 80cm	79 cm	78,5cm	78 cm	77,8cm	77,5cm	

Dies ist natürlich nur ein Beispiel Sie können ihre Tabelle auch ganz anders aufbauen, wichtig ist nur das Sie nach jeder Woche eine Kontrolle haben und sehen wie weit sie gekommen sind. Denn durch Ihre Erfolge werden Sie motiviert weiter zu machen. Und Sie haben ein gutes Gefühl.

Zudem sollten Sie sich auch vor den Spiegel stellen um Ihre Fortschritte beobachten zu können. Trotzdem sollten Sie es vermeiden dies zu oft zu tun, da es sonst sein könnte, dass Ihnen Ihre Fortschritte nicht mehr auffallen. Das sollen sie aber, damit Sie weiter hin motiviert sind.

Natürlich können Sie sich auch eine Tabelle für ihr Gewicht machen, die so ähnlich ist wie die Tabelle auf der vorherigen Seite, oder Sie entwerfen einfach eine ganz neue. **Wichtig** ist nur das Sie eine Kontrolle haben, und Ihre Fortschritte sehen. Wenn Sie zu den ganz interessierten gehören, dann machen Sie sich einfach eine Tabelle für alle Körperpartien und kontrollieren alle.

Was sich auch als sehr wirkungsvoll erwiesen hat, sind Fotos. Wenn Sie heute Fotos von sich machen, und dann in vier Wochen wieder, dann können Sie die Fotos vergleichen und somit wieder den einen oder anderen Erfolg sehen.

Es kann auch sein das Sie ihren Freunden berichten, „oh, ich hab so viele Fortschritte mit diesem Training gemacht", und ihren Freunden fällt das gar nicht auf.

Diese sagen dann vielleicht Blödsinn, aber das ist ganz klar. Denn so ein Fortschritt, der stellt sich meistens nur langsam ein, und da ihre Freunde sie wahrscheinlich öfter sehen, ist der Fortschritt in ihren Augen vielleicht nicht gleich sichtbar. Aber wenn Sie Bekannte fragen, die Sie jetzt schon länger nicht mehr gesehen haben, dann fällt es denen meistens sofort auf, Sie werden sogar öfters von denen angesprochen ob, Sie abgeholt haben, oder ob Sie fitter geworden sind.

Mit Strategie, Ziel und Planung, zu noch mehr Erfolg

Haben Sie Ziele? Wenn nein warum nicht? Sie lesen dieses Buch wahrscheinlich, um im Sport größere Erfolge zu erzielen, aber ohne Ziel, wird Ihnen das nur schwer gelingen. Mal angenommen Sie setzen sich Ins Auto und fahren weg, dann hat die Reise doch ein bestimmtes Ziel? Oder nicht? Im Sport sollte es genauso sein, doch dies ist meistens nicht der Fall, denn viele Leute trainieren einfach drauf los und wissen gar nicht genau was Sie überhaupt erreichen wollen. Viele haben dann zwar schon Ideen, aber oft schwenken sie dann wieder um. Setzen Sie sich ein Ziel, denn nur so können Sie auch das erreichen was Sie wollen.

Es ist ja so, das wenn sie etwas erreichen was nicht als Ziel formuliert war, dann denken sie vielleicht immer wieder och nein, das ist ja viel zu wenig, und hauen sich damit selber in die Pfanne. Aber wenn Sie ein formuliertes Ziel erreichen, zB,". Ich hab bis dahin 15 Kg abgenommen" und sie erreichen es, dann werden sie sich ultra freuen und es wird sie total motivieren.

Aber wie kann man sich Ziele setzen und mit Strategie und Planung auf Sie hinarbeiten? Die Sache ist ganz einfach, wie ich Ihnen im Folgenden erklären werde.

Ziele setzen ist im Grunde genommen ganz leicht, als erstes setzten Sie sich einmal hin und stellen Sie sich mal die Frage:,, Was will ich mit meinem Training erreichen? Und Wann?

Schreiben Sie ruhig einmal einige Wünsche auf, vielleicht einen Waschbrettbauch in 8 Wochen, oder aber 1000 Meter in 12 Wochen in weniger als 4 Minuten zu laufen, oder was auch immer. Nur realistisch sollten Ihre Ziele schon sein. Wenn Sie sich mal angenommen zum Ziel setzten in 2 Wochen wiege ich 50 Kg weniger, dann kann ich Ihnen garantieren, dass dieses Ziel nicht realistisch ist und Sie es auch nicht erreichen werden. Aber z.B. 12 Kg in 12 Monaten abzunehmen, ist ein realistisches Ziel und auch durchaus erreichbar. Jetzt haben Sie vielleicht schon einige Ziele aufgeschrieben und nun stellt sich wahrscheinlich für Sie die Frage: „Welches soll ich denn von diesen Zielen angehen?" Auch auf dieses Problem gibt es eine Lösung die ich Ihnen am Beispiel eines Läufers erläutern möchte.

Mal angenommen Sie sind Läufer und haben sich die folgenden Ziele heraus gesucht:

Schneller zu laufen

Mehr Ausdauer zu bekommen

Mehr Fettverbrennen mit dem Laufen

Nun müssten Sie sich für eines der genannten Ziele entscheiden. Dies geht am Besten indem man eine Liste aufstellt, welches dieser Ziele für Sie am wichtigsten ist. Das funktioniert folgendermaßen:

Ziel	Wichtig warum?	Dieses Ziel ist für mich das wichtigste.
Schneller laufen	Reines Interesse	
Mehr Ausdauer bekommen	Damit ich in der Schule im Ausdauerlauf eine bessere Note bekomme	Ziel zwei ist für mich das wichtigste, weil mir Schulnoten am wichtigsten sind.
Mehr Fettverbrennen mit dem Laufen	Damit ich abnehme	

Diese Tabelle ist natürlich nur ein Beispiel, Sie kann bei Ihnen ganz anders aussehen. Daneben können Sie auch weiter planen welches Ziel Ihnen am 2. wichtigsten, 3. wichtigsten usw. ist, um nach erreichen Ihres ersten Zieles direkt zu wissen, was Sie als nächstes angehen möchten. Sollten Ihnen bei dieser Methode zunächst keine Argumente einfallen ist das nicht schlimm. Lassen Sie sich Zeit und suchen Sie und wenn Sie diese gefunden haben, dann schreiben Sie diese in die Tabelle.

Wenn Sie nun Ihre Ziele gefunden haben, dann schreiben Sie diese unbedingt sofort auf, denn die Erfahrungen haben gezeigt, wenn Sie sich ein bestimmtes Ziel setzen und dieses dann auch noch aufschreiben, dann hat dies für Sie einen persönlichen Wert. Denn Ziele motivieren Sie, und helfen Ihnen damit auch gleichzeitig nicht aufzugeben. Das Aufschreiben hat folgende Vorteile, zum einen vergessen Sie diese Einfälle nicht schnell wieder und zum anderen können Sie die Ziele immer wieder durchlesen und sich dadurch einen neuen Motivationsschub holen.

Noch ein kleiner Tipp: hängen Sie einen Zettel mit Ihrem Ziel irgendwo auf, wo Sie Ihn oft sehen um immer wieder eine Motivation zu erhalten. Vielleicht kleben Sie Ihn sich auf Ihren Spiegel, dann haben Sie Ihn gleich morgens beim Aufstehen vor Augen, und einen Schub für den Tag.
Wenn Sie Ihre Ziele einzig und allein im Kopf behalten, dann könnte es Ihnen passieren, dass Sie diese wieder aus dem Auge verlieren. Damit die Disziplin nicht nachlässt und Sie sich dann eines Tages wieder einmal ärgern, das Sie nicht weiter gekommen sind, als bis her.

Wichtig ist auch, das sie sich ein genaues Datum setzten, bis wann Sie Ihr Ziel erreicht haben wollen, denn wenn Sie einfach nur sagen ich will z.B. 12 kg abnehmen, so bleibt Ihr Ziel in der Zukunft, und Sie schieben es in den meisten Fällen immer weiter auf. Also bis wann wollen Sie Ihr Ziel erreicht haben. Sie könnten also sagen, 12 kg in einem Jahr. Haben Sie Ihr Ziel schon? Dann können wir jetzt zum nächsten Schritt gehen.

Sie sollten Ihr Ziel in viele kleine Etappenziele aufteilen. In diesem Fall könnten Sie sagen bei 12 KG in einem Jahr ergibt 1 KG pro Monat. Dann legen Sie sich eine Strategie zurecht, z.B. könnten sie in diesem Fall sagen, ich laufe einmal pro Woche 30 Minuten lang. Wenn Sie Ihr Ziel in Etappen runter gebrochen haben, dann können Sie jetzt daran gehen die Etappen zu kontrollieren, denn wenn Sie eine Etappe erreicht haben, dann können Sie sich freuen. Sie wissen, dass Ihre Strategie stimmt, und Sie können sich damit sogleich noch mal motivieren.

Sollten Sie hingegen die Etappe nicht erreicht haben, dann wissen Sie dass Ihre Strategie wahrscheinlich die falsche war, und dass Sie diese ändern müssen.

Mit dem Nachfolgenden Beispielzielplan sollte das kein Problem mehr sein.

Zielplan:

Das Ziel ist es in 4 Monaten 4 KG Ab zu nehmen, also 1 KG Pro Monat. Sie wiegen zurzeit 80 KG und wollen in 4 Monaten folglich nur noch 76 KG wiegen

Monat	Jan	Feb	März	April
Abnahme in KG	0,3	0,7	1,00	1,00
Ziel erreicht oder nicht	Nicht erreicht	Nicht erreicht	Ziel erreicht	
Alte Strategie	1 mal pro Woche 40 Minuten Laufen	2 Mal pro Woche 40 Minuten Laufen	3 Mal pro Woche 40 Minuten Laufen	3 Mal pro Woche 40 Minuten Laufen
Neue Strategie	2 Mal pro Woche 40 Minuten	3 Mal pro Woche 40 Minuten		

Wenn man den Zielplan analysiert, dann stellt man fest, dass in den ersten beiden Monaten die Strategie nicht aufgeht, da das Etappenziel nicht erreicht werden konnte. Folglich musste die Strategie zweimal umgestellt werden. Jedoch ab dem 3 Monat hat es funktioniert und diese Strategie konnte weiter beibehalten werden.

So, oder so ähnlich könnte ein Zielplan sein. Wie Sie diese aufbauen, das bleibt Ihnen wieder selbst überlassen, ob Sie das nun mit Zeit, mit Gewicht, fürs Abnehmen, für Fußball, Tischtennis oder was auch immer aufbauen. Nur Ihre Ziele sollten sie immer vor Augen haben. Natürlich müssen Sie auch berücksichtigen, dass sich mit einer Änderung der Strategie auch die Zeit verändern kann. In unserem Beispiel hat er ja anstatt 4 KG nur 3 abgenommen, dass bedeutet wiederum er muss noch einen Monat dran setzten um sein Ziel zu erreichen. Es sei denn Sie können mit der neuen Strategie aufholen, was sie bei der alten verpasst haben.

Tipp zum Schluss: Vermeiden Sie es auf jeden Fall anderen Menschen von Ihren Zielen zu erzählen, es sei denn es sind Menschen, die Sie immer wieder ermutigen und aufbauen. Doch in den meisten Fällen weiß man das nicht genau, also gehen Sie besser kein Risiko ein, denn meistens ist es so das andere uns von unseren Zielen abringen wollen, ob das nun aus Neid ist, oder was auch immer. Denn meistens kommen dann so Argumente wie: „ Du und 12 kg abnehmen?" Das schaffst du doch nie!" Oder ähnliche. Diese sind wenig motivierend und ziehen uns meistens so runter, dass wir die Lust verlieren und meistens dann auch aufgeben. Sie haben so eine Erfahrung bestimmt auch schon mal gemacht.

Vorsicht Kritiker!

Wer kennt ihn nicht, den inneren Schweinehund, die Stimme, die uns immer wieder einzureden versucht, dass es sowieso nicht klappt. Kaum haben sie etwas Neues angefangen, und denken sie hatten damit eine super Idee, schon spricht die innere Stimme zu ihnen: „Quatsch das funktioniert sowieso nicht". Kennen Sie das? Die meisten Menschen kennen diese Stimme, wenn sie sich vor den Spiegel stellen und sich fragen ob sie gut aussehen, ob ihre Figur stimmt oder anderes. Besser noch, sie haben irgendein Training, eine Diät oder was auch immer angefangen und an irgendeinem Tag merken sie wie ihre innere Stimme ihnen zuflüstert: „ Heute lass ich es mal ausfallen", sie antworten dann meistens auf diese Stimme mit: „Nein das geht nicht"! Dann bekommen sie wiederum die Antwort „Na klar geht das, du bist jetzt schon soweit gekommen und kannst ruhig mal einen Tag Pause machen". Ja und plötzlich entschließen sie sich jetzt doch das Training oder was auch immer ausfallen zu lassen, mit den Gedanken, **aber morgen wieder.**

Am nächsten Tag vollzieht sich das Selbe Spiel wieder und danach auch. Auf einmal haben sie ihr Ziel aus den Augen verloren. Dann ärgern sie sich nach ein paar Wochen und denken, warum nur hab ich das Training sausen lassen. Was das aller Wichtigste ist, sie dürfen **nicht auf diese Stimme hören**, versuchen sie diese irgendwie abzustellen. Motivieren Sie sich immer wieder. Wenn sie das alleine nicht schaffen, dann suchen sie sich einen Trainingspartner und motivieren sich gegenseitig. Wenn sie keinen Trainingspartner finden und auch diese Stimme nicht loswerden, dann gibt es immer noch die Möglichkeit diese Stimme mit Hilfe von Büchern, Kassetten oder wie auch immer los zu werden. Mittlerweile bietet der Markt viele Bücher oder andere Methoden diesen Schweinehund zu überwinden. Finden sie für sich den Besten Weg.

Ach ja, unsere Freunde. Gerade noch haben sie eine super Idee und was machen sie, sie erzählen es ihren Verwandten oder Freunden, dann bekommen sie meistens so Antworten wie: „ Blödsinn, das wird eh nichts", oder: „ Das klappt nicht."
Ohne das diese Freunde oder Verwandten es schon jemals ausprobiert hätten.

Und selbst wenn manche es schon ausprobiert haben, dann vielleicht mit zu wenig Motivation oder Ehrgeiz und deswegen hat es bei denen nicht geklappt, aber das sind ja deren Erfahrungen, wer sagt, dass sie die gleichen machen müssen. Meistens sehen sogar unsere engsten Freunde oder Verwandte es **nicht** sehr gerne, wenn wir in irgendeiner Hinsicht
erfolgreicher sind als sie. Haben sie diese Erfahrung nicht auch schon mal gemacht? Außerdem erwarten wir immer von anderen, dass sie von unseren neuen Ideen begeistert sind, bevor wir uns nicht nur entschlossen haben damit anzufangen, sondern auch bis zum Ende durchzuhalten.
Auch auf diese Stimmen sollten sie am besten einfach nichts geben und ihre eigenen Erfahrungen machen. Aus diesem Grunde erzählen

sie am Anfang am besten gar nichts davon, und dann, wenn sie die ersten Erfolge erzielt haben, dann können sie ruhig berichten. Sollte dann wieder ein Versuch kommen sie davon abzubringen, können sie es widerlegen und gleichzeitig auch beweisen, dass es funktioniert. Jetzt geben sie auf diese Bemerkungen sowieso nichts mehr da sie ja etwas geleistet haben, und die anderen nicht.

Lassen sie sich bloß nicht von den Kritikern unterkriegen. **Halten sie durch!**

Evtl. Probleme

Muskelkater

Es könnte sein, das Sie anfangs bei diesem Training Muskelkater bekommen, daran merken Sie, dass sie was falsch gemacht haben, Sie haben sich ein wenig überstrapaziert. Das ist zwar nicht sooo schlimm, aber Sie wollen ihn ja wahrscheinlich so schnell wie möglich wieder loswerden. Es klingt vielleicht etwas doof, aber der einfachste weg ihn wieder los zu werden, ist mit Training. Aber Vorsicht damit meine ich nicht, dass Sie jetzt wie ein Irrer weiter trainieren sollen. Nein hüpfen Sie ganz leicht und langsam auf dem Trampolin herum ohne sich zu sehr anzustrengen, und nicht länger als 10- 15 Minuten, danach nehmen Sie wenn möglich noch ein schön warmes bad. Am nächsten Tag sollte Ihr Muskelkater weg sein. Wenn nicht, dann wiederholen Sie diese Übung am nächsten Tag noch mal, denken Sie aber daran, dass Sie sich bei dieser Übung nicht zu sehr anstrengen, da sonst ihr Muskelkater schlimmer werden kann. Wenn Sie diese Übung jedoch so befolgen, dann müsste Ihr „Kater" spätestens in 2-3 Tagen wieder weg sein, in den meisten Fällen aber schon nach dem ersten Tag.

Vorsicht, wenn Sie merken, dass Sie Gelenk-, oder Muskelschmerzen bekommen.

Hiermit meine ich richtige Muskelschmerzen, wie es bei jedem Training vorkommen kann,

dann unterbrechen Sie ihr Training bitte so lange bis diese Schmerzen weg sind. Da Sie sonst schlimmer werden können. Sollten Sie schon eine Woche Pause gemacht haben, und die schmerzen sind immer noch nicht weg, dann suchen sie bitte einen Arzt auf. Es könnte sein, das Sie sich etwas zu viel überfordert haben, in der Regel können Sie dann aber wieder in 1-3 Wochen mit dem Training anfangen. Sollten Ihre Schmerzen nach ein oder zwei Tagen schon wieder verschwinden, dann nehmen Sie ihr Training einfach wieder langsam auf.

Formtief:

Es könnte sein, das Sie heute noch ihr Training schaffen, aber übermorgen haben Sie das Gefühl als würde absolut nichts mehr laufen. So, als hätten Sie alle ihre Kräfte verlassen. Sie fühlen sich total schlapp beim Training. Ich kann Sie beruhigen man spricht an solchen Tagen auch von einem Formtief, das hat jeder Sportler mal, und Sie sollten sich weiterhin keine Gedanken darüber machen, sondern versuchen Sie an diesem Tag so viel zu trainieren wie es geht.

Wenn es auch nur 10 Minuten sind. Denn 10 sind besser als gar nicht trainiert. Wenn es Ihnen auch noch so schwer fällt an diesem Tag zu trainieren, versuchen Sie es weiter. Dann kommen Sie auch nicht so schnell aus der Trainingsphase raus. Denn einmal wieder aufgehört, ist es schwer, nochmal anzufangen. Außerdem ist es ein super Gefühl, wenn Sie an solchen Tagen trainiert haben. Falls dieser Zustand anhält, dann sollten sie evtl. mal Ihre Ernährung überprüfen, oder mit einem Arzt sprechen.

Eigene Probleme:

Falls Sie selbst ein Problem beim Training bekommen, oder mehrere dann schreiben Sie mir. Vielleicht können wir dann gemeinsam eine Lösung finden, oder wenn Sie schon eine Lösung haben, dann schreiben Sie mir diese bitte auch, denn dann kann ich Sie in der nächsten Ausgabe meines Buches Veröffentlichen und anderen Menschen damit evtl. helfen.

Schäden:

Dieses Buch wurde in bester Absicht geschrieben um Sie fit zu machen, jedoch sollten Sie sich durch falsche Haltung, oder anders wie bei diesem Training verletzten, so übernimmt weder der Autor noch der Verlag Haftung dafür.

Meine Adresse:

Tim Friedrich

Zum Kleppchen 4

54497 Morbach

E- Mail : Tim.Hitman@web.de

Schlusswort

Jetzt sind wir auch schon am Ende des Buches angekommen. Sie haben es bis Ende durchgelesen. Das heißt jetzt aber, das Sie keine Ausreden mehr haben dürften warum Sie nicht fit sind. Ich hoffe, dass es ihnen gefallen hat, und dass Sie auch schon fleißig beim Training sind. Falls nicht, **dann wird es jetzt aber höchste Zeit.** Die Tür zur Fitness habe ich Ihnen gezeigt, doch durchgehen müssen Sie selbst, da kann ich Ihnen leider nicht mehr weiter helfen. Sie wissen ja, alleine mit dem Lesen ist es leider nicht getan.

Ich wünsche ihnen alles Gute für Ihr weiteres Training und hoffe, dass Sie durchhalten, und Ihr Ziel erreichen. Natürlich auch, das Sie sich nicht vom Training ablenken lassen. Loben Sie sich für alle Fortschritte die Sie machen, und verzeihen sie sich Rückschläge, **denn Rückschläge hat jeder mal.**

Wie schon gesagt, für Anregungen oder Erfahrungen mit diesem Training wäre ich dankbar. Also schreiben Sie mir.

Danke

Ich danke allen die mich dazu inspiriert haben, dieses Buch zu schreiben.

Besonders aber:

Der Morbacher Fotoecke für die schönen Bilder

Bettina und Nicole für das Korrigieren und gemeinsame überarbeiten, des Buches

Meinen Eltern für Ihre Unterstützung

Meiner Schwester für die Hilfe beim Formatieren

Meinem Ego ☺

Und ich danke jetzt schon allen Lesern für Rückmeldungen

Danke

Viel Erfolg

Tim Friedrich

So werden Sie Fit Fotos

Schnell nachschlagen von A nach Z

Schnell nachschlagen von Z nach A

Tim Friedrich,

Jahrgang 1984, sammelte seit seiner Jugend Erfahrungen in den verschiedensten Sportarten. Neben Fußball, Karate, Tischtennis Bodybuilding und vielen weiteren kam er eines Tages auch zum Trampolin, und entwickelte ein Training mit dem jeder, ob jung oder alt, in kürzester Zeit fit werden kann.

Die Zeitschrift Bio schreibt über sein Training: Fit in Jedem alter.

Ein Übungsprogramm von Tim Friedrich.

Daraufhin entschloss er sich sein Training in diesem Buch weiter zu geben. Auch die Zeitschrift „Noch Erfolgreicher,, und der Internetbrief von Bruno Erni veröffentlichte 2009 einen Bericht über seine interessanten Trainingsmethoden

inukshuk

AKADEMIE FÜR LEBENSERFOLG

I DEALE

N EUBEGINN

U NTERSCHIED

K OMMUNIKATION

S ELBSTBESTIMMUNG

H ARMONIE

U NABHÄNGIGKEIT

K OMPETENZ

KONTAKT

Inukshuk-Akademie für Lebenserfolg

Albert und Angelika Hunklinger

Wächetrhof 1

85635 Höhenkirchen

Telefon 08102-7772910

Fax 08102-7772930

buero@inukshuk-akademie.de

Erfolgsfaktor Fitness

In diesem Fitness Ratgeber erfahren sie:

- Wie sie innerhalb kürzester Zeit Fit werden

- Wie sie ihre Fitness mit Leichtigkeit halten können

- Wie sie sich selbst zum Training motivieren können

- Wie sich von Kritikern nicht mehr so leicht unter kriegen lassen

- Und wie sie Ihre Trainingserfolge optimal kontrollieren können

Die Zeitschrift „Bio" schreibt über mein Training: „Fit in jedem Alter". Ein Übungsprogramm von Tim Friedrich

Die Zeitschrift „Noch Erfolgreicher" schreibt über mein Training Tim Friedrich: „Erfolgsfaktor Fitness, Fitte Menschen sind einfach gelassener, erfolgreicher und haben mehr Harmonie in ihrem Leben"

Der Bruno Erni Internetbrief schreibt:" Erfolgsfaktor Fitness" in kurzer Zeit Fit durch das Trampolinworkout